Fiche **philosophe**

Par Eric Fourcassier

Kierkegaard

lePetitPhilosophe.fr

KIERKEGAARD

PHILOSOPHE DANOIS, FONDATEUR D'UNE PHILOSOPHIE DE L'EXISTENCE

- **Né en 1813 à Copenhague**
- **Décédé en 1855 à Copenhague**
- **Quelques-unes de ses œuvres :**
  - *Ou bien... ou bien* (1843)
  - *Crainte et Tremblement* (1843)
  - *Post-scriptum définitif et non scientifique aux* Miettes philosophiques (1846)

Philosophe danois du **XIXᵉ siècle**, Søren Kierkegaard est l'auteur d'une pensée d'une très grande originalité au **carrefour de la philosophie, de la littérature et de la théologie**.

Profondément marqué par l'austérité de son **éducation chrétienne**, Kierkegaard emploie son intelligence précoce à l'étude de la théologie et de la philosophie. Mais, au contact de la jeunesse étudiante de Copenhague, il découvre une ferveur nouvelle et préfère rapidement l'enthousiasme des **controverses politiques et littéraires**. C'est alors qu'il tombe amoureux et se fiance, avant de se raviser et de renoncer au mariage. Cet épisode délivre une vérité essentielle sur l'existence selon Kierkegaard : **exister signifie tracer par des choix toujours contingents un itinéraire singulier et périlleux**. Qui accède à cette conscience de l'existence ne peut éviter d'en gouter l'amertume et de sentir l'angoisse.

Tenaillé par un sentiment de mélancolie et de désespoir, Kierkegaard reprend cependant ses études qu'il met à profit pour jeter les bases de sa propre philosophie. Celle-ci trouvera son expression dans la **théorie des trois stades sur le chemin de la vie**. Suite à la publication d'articles polémiques, plusieurs campagnes de presse dirigées contre le philosophe favorisent l'incompréhension de son œuvre.

BIOGRAPHIE

UN CLIMAT D'AUSTÈRE PIÉTÉ

Né en **1813**, Søren Kierkegaard est le dernier des sept enfants d'une **riche famille de la bourgeoisie protestante de Copenhague**. Son enfance se déroule dans une atmosphère particulièrement pesante dominée par la **personnalité tourmentée de son père**. Celui-ci, bonnetier de son état et fervent piétiste, est en effet poursuivi par le souvenir d'un blasphème proféré dans sa jeunesse et pour lequel il s'est convaincu que Dieu lui a réservé, en châtiment, de voir ses enfants mourir avant l'âge de trente-quatre ans et le laisser sans descendance. Ce sombre climat affectera profondément l'existence et la pensée du futur philosophe.

BON À SAVOIR

Apparu au XVIe siècle, **le protestantisme** se caractérise par sa vive critique des abus perpétrés par l'Église catholique, notamment en ce qui concerne le commerce des indulgences (rémission totale ou partielle des peines temporelles pour les péchés pardonnés). Martin Luther (1483-1546), principal artisan de la Réforme, fixe les dogmes principaux qui unissent toutes les Églises protestantes : la seule autorité en matière religieuse est la Bible (et non le pape) et la foi personnelle (supérieure à l'exercice du culte). Parmi les chrétiens, le protestant se distingue donc par sa croyance en un accès direct et personnel à Dieu, reléguant au second plan les institutions ecclésiales.

Quant au piétisme, il s'agit d'un mouvement issu du protestantisme à la fin du XVIIe siècle et qui s'oppose au dogmatisme de l'Église protestante officielle.

UN DANDY INQUIET

Toutefois, la personnalité du jeune Søren n'a pas moins de relief que celle de son père. À l'école prestigieuse où celui-ci a décidé de l'envoyer, Kierkegaard révèle en effet **des talents intellectuels et une indépendance d'esprit** qui le distinguent immédiatement de ses camarades et forcent l'admiration de ses maitres.

À partir de **1831**, sous l'impulsion de son père, Kierkegaard se lance dans des **études de théologie** qu'il ne tarde pas à délaisser, leur préférant la **fréquentation des cafés** et autres cénacles à la mode où l'on parle de politique, de littérature et de femmes. L'**insouciance** et la désinvolture du jeune dandy qu'il affecte de paraitre traduisent cependant moins un accès soudain de légèreté qu'une **profonde anxiété** : « Ce qui me manque, écrit-il dans son *Journal*, c'est d'être au clair sur *ce que je dois faire*, et non sur ce que je dois connaître. [...] il s'agit de comprendre ma destinée, de voir ce que la divinité veut proprement que je *fasse*. » Telle est en effet selon lui la vérité de l'existence : **chaque individu se retrouve toujours seul face à ses propres choix contingents dont il porte l'entière responsabilité**. L'existence se vit alors sur le mode inquiet de l'interrogation et l'homme ne peut échapper à l'angoisse.

L'AMOUR ET LA RUPTURE AVEC RÉGINE OLSEN

L'inquiétude existentielle du jeune homme n'est pas sans rapport avec les **tragiques évènements familiaux** qui endeuillent sa jeunesse. Cinq de ses frères et sœurs meurent avant l'âge de trente-trois ans, ce qui ne lui laisse qu'un unique frère et l'angoissante certitude qu'une malédiction s'est abattue sur sa famille, comme l'en a convaincu son père. Mais, à vingt-quatre ans, le temps n'est pas au morne repentir.

Ainsi, lorsque par un soir de mai **1837**, Kierkegaard fait la connaissance de la jeune **Régine Olsen**, au cours d'un diner, il en **tombe immédiatement amoureux**. S'ensuit une idylle qui les conduit, en 1838, à **se fiancer**. Un amour profond semble les unir. C'est alors qu'un évènement troublant, sur lequel Kierkegaard restera secret, vient bouleverser le cours de sa vie. Pour une raison obscure, il est **convaincu d'avoir commis une erreur** en s'engageant avec Régine et, au lendemain même de leurs fiançailles, il lui rend son alliance. Le couple est brisé.

UNE PHILOSOPHIE MARQUÉE PAR L'ANGOISSE EXISTENTIELLE

S'ouvre alors pour Kierkegaard une **période de profonde mélancolie et d'intense réflexion**. Il reprend ses études de théologie et soutient, en **1841**, sa thèse de doctorat sur *Le Concept d'ironie constamment rapporté à Socrate*. Kierkegaard y affirme son opposition radicale à la philosophie de Georg Wilhelm Friedrich Hegel (1770-1831) et jette ainsi les bases de sa philosophie. Le penseur entreprend alors d'exposer sa propre conception de l'existence dans un premier ouvrage qu'il publie en **1843** sous le titre ***Ou bien... ou bien***. L'existence de tout individu offre selon lui deux voies possibles : ou bien l'instabilité et la légèreté d'une vie « esthétique », vouée aux désirs immédiats, illustrée par le séducteur, ou bien la stabilité et le sérieux d'une vie « éthique », faite de devoir et de responsabilité. L'esquisse de sa philosophie de l'existence est dès lors tracée.

Entre 1843 et 1849, son intense et prolifique activité littéraire donne naissance à de **nombreuses publications** dont on peut citer, parmi les plus importantes : *Crainte et Tremblement* (1843), *Miettes philosophiques* (1844), *Le Concept d'angoisse* (1844), *Étapes sur le chemin de la vie* (1845), *Post-scriptum définitif et non scientifique aux* Miettes philosophiques (1846) ou encore le *Traité du désespoir* (1849).

En **1845**, la publication d'**articles polémiques** sur la politique et la religion déclenche une **violente campagne de presse contre Kierkegaard**. Sous couvert d'anonymat, de nombreux écrits favorisent une opinion publique hostile au philosophe qui tombe alors dans le discrédit. Kierkegaard en retirera méfiance et mépris pour les foules. Profondément affaibli et intellectuellement isolé, Kierkegaard est **victime d'un malaise** qui le terrasse brutalement au cours d'une promenade dans les rues de Copenhague. À **quarante-deux ans**, il laisse ainsi une œuvre immense et multiple qui, des analyses de l'angoisse à l'affirmation de la contingence, exercera une influence considérable sur les pensées de Martin Heidegger (1889-1976), de Gabriel Marcel (1889-1973) ou encore de Jean-Paul Sartre (1905-1980).

CONTEXTE PHILOSOPHIQUE

C'est dans un Danemark épuisé par les guerres napo-léoniennes et en pénible reconstruction que nait Søren Kierkegaard. Mais, à la faveur d'une reprise économique qui intervient à partir des années 1830, le pays connait une période d'effervescence : l'avenir s'éclaircit à nouveau et les passions politiques se raniment au sein de la société danoise.

L'IDÉALISME ALLEMAND

Le milieu universitaire danois s'agite lui aussi de nouvelles passions. La pensée allemande qui s'y introduit emporte immédiatement les faveurs des philosophes. Tandis qu'Emmanuel Kant (1724-1804) a ruiné les prétentions de la métaphysique moderne, **les philosophes idéalistes allemands**, et parmi eux l'illustre et imposant Hegel, portent **la promesse d'une restauration de la métaphysique** qui, depuis Parménide d'Élée (vers 515-540 av. J.-C.), fait la gloire de la philosophie et l'orgueil de la raison humaine. L'enjeu n'est rien moins que de **bâtir un système intégralement rationnel de l'existence** qui pourra déclarer (la formule est de Hegel) : « Tout ce qui est réel est rationnel. » Or, selon Kierkegaard, l'idéalisme hégélien (cette philosophie qui entend réduire le réel et l'existence à l'idée que la raison nous en procure) repose sur une incompréhension qui ruine la philosophie depuis Descartes.

La vérité de l'existence : Descartes

C'est en effet René Descartes (1596-1650) qui fut le premier
des philosophes modernes à dégager le caractère central de
l'existence en philosophie, en montrant que **toute vérité a
pour fondement la découverte par un sujet pensant de
son existence indubitable**. « Si je pense, c'est que je suis,
j'existe », s'écrie Descartes qui, alors qu'il soumet tout au
doute radical dans le but de parvenir à des connaissances
vraies, fait soudain l'expérience intérieure de son existence
en tant qu'être pensant (*Les Méditations métaphysiques*,
1641). Ce qui importe d'abord et avant tout, ce n'est pas ce
qui est pensé (l'objet), mais celui qui pense (le sujet).

Malheureusement, le sens de cette découverte est voilé par
le rationalisme (doctrine qui privilégie la raison pour accéder
à la connaissance) qui caractérise par ailleurs la philosophie
cartésienne. Ainsi, de Baruch Spinoza (1632-1677) à Gottfried
Wilhelm Leibniz (1646-1716), **l'existence se retrouve noyée
dans une conception rationnelle de l'être**.

L'existence inaccessible à la raison : Kant

La philosophie de Kant met cependant en évidence les limites de la raison : examinant elle-même l'étendue de ses propres pouvoirs, la raison comprend qu'elle ne peut embrasser qu'un domaine limité du réel. En particulier, Kant montre que **l'existence n'est pas un concept rationnel** : elle ne se prête à aucune sorte de déduction rationnelle. En d'autres termes, **l'existence ne se prouve pas, elle s'éprouve** dans une expérience à chaque fois singulière. Ainsi, elle dépasse ce que nous pouvons en concevoir.

Le système de l'existence : Hegel

Insatisfait de cette réduction du champ de la raison, Hegel s'efforce de reprendre le projet métaphysique d'une compréhension totale de l'existence et du réel par la raison : là où Kant voyait des contradictions (des « antinomies », comme il les appelle), Hegel veut montrer qu'il s'agit en réalité des étapes d'un unique processus rationnel d'ensemble. La philosophie ne doit donc pas être arrêtée par les contradictions, mais penser leur articulation, leur synthèse : à bien y regarder, **l'existence, selon Hegel, bien qu'elle puisse paraitre irrationnelle et contingente, est en réalité totalement rationnelle et nécessaire**.

C'est contre cette prétention exorbitante de la raison à rationaliser l'existence que Kierkegaard se récrie.

LE ROMANTISME

La promotion de l'individu et de la sensibilité

En s'opposant à l'idéalisme hégélien, Kierkegaard rejoint le romantisme qui caractérise son époque. Tandis que le XVIIIe siècle, appelé de manière significative « siècle des Lumières », célébrait la raison et fondait sur elle ses espoirs de changer l'existence humaine, le **XIXe siècle** voit s'élever, par la voix de nombreux penseurs, écrivains et artistes, une **vive critique des idéaux révolutionnaires et rationalistes** qui ont ensanglanté l'histoire. Face à la promotion de l'homme rationnel et universel, les romantiques font valoir **la sensibilité, l'individualité et la variété des êtres** et des communautés humaines concrètes.

La révolte individualiste et chrétienne de Kierkegaard rejoint ici le geste des penseurs contre-révolutionnaires, déplorant la ruine de toute spiritualité dans un monde dominé par la raison, le progrès technique et l'athéisme.

La foi chrétienne

Toutefois, **la sensibilité romantique**, loin de s'épuiser dans un sentimentalisme naïf, **culmine, chez Kierkegaard, dans la foi**, autrement dit dans **le rapport vivant et sensible qui unit le croyant à un Dieu personnel**. Telle est selon lui le sens du christianisme. Dieu s'étant fait homme, les individus vivent dans la foi un rapport étroit au divin, semblable à celui qui unit deux personnes dans l'intimité du cœur. Le protestantisme dont Kierkegaard est imprégné radicalise cette conception personnelle de la foi et du divin en contestant à l'Église son rôle de médiateur entre les fidèles et Dieu. Chaque homme peut entretenir un rapport direct et personnel à Dieu.

Selon le philosophe, le christianisme s'adresse à l'âme individuelle en quête d'un Dieu sensible au cœur et lui-même pensé comme personne. Entendu de cette manière, le christianisme n'a rien à voir avec l'observation de rituels communs et d'adhésion aux dogmes d'une Église. C'est pourquoi **la foi est toujours vécue dans le doute et l'angoisse**, contrairement à l'idée répandue mais fausse qui voudrait en faire une réponse tranquillisante à la question du sens de l'existence. La foi est, dans le cœur du fidèle, une brèche ouverte sur l'absolu et sur l'incompréhensible mystère de l'existence.

La vérité, une réalité subjective et intérieure

De ce point de vue, **la religion du Christ délivre un enseignement voisin de celui de Socrate** (470-399 av. J.-C.) en philosophie. Cinq siècles avant notre ère, celui-ci accomplit en effet un retournement inédit et décisif : tandis que les savants de son époque s'efforcent d'étudier la nature, Socrate est le premier à placer l'homme au cœur des préoccupations philosophiques et à **faire de la vérité et de la sagesse l'objet d'une recherche individuelle**. La vérité ne se trouve pas hors de soi, mais en soi-même, au terme d'une appropriation individuelle. Kierkegaard s'en souviendra : la vérité n'est pas une réalité objective qu'on recevrait de l'extérieur, mais une réalité subjective que l'on s'approprie par un effort de pensée personnel.

PENSÉE ET APPORT

« Trouver une vérité qui soit vérité pour moi » : cette phrase de Kierkegaard, tirée de son *Journal*, dit l'essentiel de son projet philosophique.

La pensée moderne, grâce à Descartes, a accompli un progrès capital en plaçant l'existence du sujet pensant au fondement de la philosophie. Mais **que signifie au juste « exister » ?** C'est là ce que les philosophes, de Descartes à Hegel, aveuglés par le rationalisme, n'ont pas su comprendre, car l'existence échappe à la raison. Par conséquent, la philosophie en est venue à occulter l'existence. Il importe donc pour Kierkegaard de **réintroduire l'existence au cœur de la philosophie**, afin que celle-ci puisse à nouveau concerner chaque individu et lui offrir une véritable sagesse.

PENSER L'EXISTENCE

Oser dire « Je »

Kierkegaard s'est d'abord **radicalement opposé à la philosophie de Hegel**. Selon le philosophe allemand, le réel est intégralement rationnel : chaque objet et chaque être s'inscrivent dans un processus nécessaire et plus vaste qui en détermine intégralement la nature et le devenir. Autrement dit, comme Hegel ne craint pas de l'affirmer lui-même : « Tout ce qui est réel est rationnel. » En conséquence, chaque individu se retrouve noyé dans un même processus général et la subjectivité se retrouve engloutie dans l'impersonnalité de la raison.

Pour Kierkegaard, les individus existent, et leur singularité les rend étrangers aux généralités abstraites et uniformisatrices de la raison. Il importe donc de **réaffirmer l'existence du singulier contre la raison universelle**.

À mesure que la raison s'étend, la généralité, l'objectivité et l'impersonnalité s'imposent, tandis que la subjectivité individuelle décline et n'ose bientôt plus s'affirmer en tant que telle. L'immense prestige de la raison objective intimide l'individu et lui retire le courage d'énoncer sa pensée en son nom propre. « **Personne, personne n'ose dire "Je"** », s'écrie ainsi Kierkegaard dans son *Journal*. Ce qui fut jadis la grande découverte de Descartes (« Je pense »), puis la devise des Lumières (« Ose penser par toi-même », selon les mots de Kant), se trouve nié par la philosophie elle-même.

Face à une existence à laquelle il n'ose plus faire face, **chacun préfère trouver refuge dans la raison universelle**. Celle-ci a l'avantage de rassurer les hommes en introduisant du rationnel dans tous les recoins de l'existence et en procurant ainsi l'illusion du savoir et de la maitrise. Mais, **en devenant universelle et impersonnelle, la parole des philosophes ne parle finalement plus à personne** : elle se coupe de l'existence concrète et, en ce sens, ne peut plus constituer une sagesse pour qui que ce soit (citation 1).

Ce qu'« exister » veut dire

L'existence désigne, pour Kierkegaard, **un « devenir individuel contingent »** :

- « un devenir », parce qu'**exister, c'est évoluer**, non demeurer identique à soi-même. L'existence est donc une réalité changeante qui s'oppose en ce sens à l'« être » invariable des philosophes ;

- « individuel », parce que **seuls des individus singuliers et pensants existent**. En effet, tandis que les objets ou les autres vivants « sont », seul l'individu, par sa conscience, « existe ». Cela signifie qu'il ne se contente pas de vivre, mais pense et éprouve en lui-même tout ce qu'il vit ;
- « contingent », parce que **si l'existence est un devenir individuel, elle n'a rien de nécessaire**. Une chose nécessaire, en effet, ne peut pas être autre que ce qu'elle est et, par conséquent, ne change pas. L'individu, à l'inverse, existe parce qu'il peut à chaque instant être autre qu'il est. Son devenir est donc contingent, imprévu et imprévisible.

En pensant le devenir comme un processus purement rationnel, Hegel a, selon Kierkegaard, commis l'erreur de voir du nécessaire là où il n'y a que de la contingence (<u>citation 2</u>).

<u>BON À SAVOIR</u>

Dans la philosophie, **l'existence et l'essence** sont opposées depuis saint Thomas d'Aquin (1225-1274). L'essence, ou nature, est ce qui définit l'être d'une chose, les propriétés sans lesquelles elle cesserait d'exister. Il est par exemple dans l'essence d'une chaise d'avoir des pieds : cette propriété lui est nécessaire, à la différence, par exemple, de sa couleur qui peut changer. De ce point de vue, l'essence renvoie à l'idée de nécessité (sans elle, une chose cesse d'être ce qu'elle est et s'anéantit). Quant à l'existence, elle désigne le simple fait d'être.

À partir de cette opposition, une question récurrente de la métaphysique consiste à se demander si l'existence d'une chose est inscrite dans son essence, autrement dit si chacune de ses manières d'être est prédéterminée par sa nature. Kierkegaard refuse ce primat de l'essence sur l'existence en prétendant que celle-ci échappe à celle-là : l'existence n'est pas prédéterminée par une nécessité naturelle. C'est pourquoi l'opposition entre l'essence et l'existence recoupe ici l'opposition entre le contingent et le nécessaire.

La vérité personnelle

Si la réalité de l'existence individuelle met en échec la raison et l'objectivité, qu'en est-il alors de la vérité ? Loin d'y renoncer, Kierkegaard propose une approche originale en rupture avec l'idée de vérité objective :

- **la vérité s'approprie subjectivement**. Toute vérité, aussi objective soit-elle, est toujours portée par un individu qui, lui, ne l'est pas. Ce qui importe, c'est que chacun s'efforce de s'approprier la vérité de manière subjective, afin que celle-ci puisse avoir un sens pour lui. C'est d'ailleurs ce qu'ont enseigné Socrate et le Christ : la vérité n'existe que dans le rapport personnel qu'un individu pensant entretient avec elle ;
- **par ailleurs, il n'est point de vérité sans adhésion subjective**. La vérité ne peut pas aller sans un acte de foi auquel le christianisme a donné, selon Kierkegaard, son

expression la plus juste en soulignant qu'il y a au cœur de chaque existence concrète quelque chose qui transcende la raison finie de l'homme.

La vérité est paradoxale parce qu'elle est le fait d'un être lui-même paradoxal : fini, temporel et relatif, l'homme est cependant ouvert sur l'infini, l'éternel et l'absolu.

L'ANGOISSE ET LA LIBERTÉ

Parce qu'elle est contingente, aucun système rationnel ne peut jamais réduire l'existence à un unique chemin qu'on pourrait se contenter de suivre. C'est pourquoi tout individu est frappé par l'angoisse d'exister.

L'existence est angoisse

Qu'est-ce que l'angoisse ? L'angoisse n'est pas la peur :

- la peur est toujours accompagnée de l'idée d'une cause extérieure, qu'elle soit réelle (par exemple une araignée) ou simplement imaginaire (par exemple un fantôme) ;
- l'angoisse, à l'inverse, nous étreint lorsque, face à nous-mêmes, **nous éprouvons la contingence de notre existence**.

Il est angoissant en effet de s'apercevoir que notre existence n'est à priori justifiée par rien et pourrait tout aussi bien être que ne pas être. Aucune nécessité ne justifie que nous devons exister ainsi et non pas autrement, ni même que le fait d'être possède un sens. Dès lors, **l'existence nous parait absurde, vaine, dérisoire**. « J'éprouve du dégoût pour l'existence, qui est sans saveur, sans sel ni sens », écrit Kierkegaard dans *La Reprise* (Paris, Gallimard, 1990, p. 144). Ce n'est pas la vie qu'il mène qui le dégoute, mais le fait même d'exister qui lui serre le cœur jusqu'à la nausée (citation 3).

L'angoisse est liberté

Toutefois, si l'on ne se contente pas de s'en affliger, mais tentons de la penser, l'angoisse nous délivre une importante vérité sur l'homme : **l'angoisse n'est rien d'autre que le pressentiment de notre liberté**. C'est parce que nous pouvons décider du cours de notre existence et parce que nous en sommes seul responsable que celle-ci nous angoisse.

Exister, c'est se lancer dans un devenir imprévisible et, par conséquent, courir un risque. C'est pourquoi **exister demande du courage**. Aucun système philosophique, scientifique ou religieux ne peut abriter l'individu et lui offrir la moindre garantie. Exister est toujours une affaire personnelle où l'individu s'engage seul, sans garantie d'aucune sorte et dont il porte cependant l'entière responsabilité (citation 4). Seule la foi peut donner à la liberté son sens, inaccessible à la raison.

L'individu est un être paradoxal

L'homme est donc un être paradoxal : sa finitude (ce qui en lui est fini et limité, c'est-à-dire son corps, sa sensibilité et sa raison) voisine étrangement avec l'infini (sa liberté et sa capacité à croire en Dieu).

Si l'homme éprouve de l'angoisse, c'est qu'**il occupe le milieu entre le fini et l'infini** :

- une vie bornée à ses facultés finies le fermerait sur lui-même et sur son environnement immédiat (à la manière de l'animal) ;
- une vie de pur esprit lui ôterait toute limitation dans le temps et l'espace (or l'homme est mortel). « **L'homme n'est ni ange ni bête** », reprend Kierkegaard à la suite de Blaise Pascal (1623-1662) (citation 5).

D'un point de vue théologique, la condition humaine nous renvoie au premier homme : Adam. Si l'interdit divin inquiète Adam, qui n'a pas encore l'idée du bien et du mal (n'ayant pas encore gouté au fruit de l'arbre), c'est qu'au fond de son innocence, celui-ci découvre la possibilité de sa liberté (commettre la faute). En somme, **chacun d'entre nous se retrouve, face à sa liberté, dans la même position qu'Adam** devant la possibilité de la désobéissance et de la faute (citation 6).

Il importe donc d'opérer une synthèse entre ces deux dimensions du fini et de l'infini afin d'échapper au désespoir.

LES TROIS STADES

S'il n'y a pas de « système » de l'existence qui en ferait l'expression d'un processus nécessaire, il existe toutefois différents stades entre lesquels chaque existence trace l'itinéraire singulier qui lui est propre.

Le stade esthétique

La première figure de l'individu « sur le chemin de la vie » qu'analyse Kierkegaard se caractérise par **la passion de l'instant et des rapports immédiats sans lendemain**. Telle est essentiellement la conduite du **séducteur**. L'individu se plait à glisser à la surface de la vie de manière à en jouir sans jamais s'y engager. Ainsi n'est-il engagé à rien et échappe-t-il au poids de la responsabilité. **Don Juan** illustre parfaitement ce refus d'inscrire son action dans la durée par peur de la fidélité à soi-même, aux autres et à toute forme d'engagement.

Mais cette relation esthétique (c'est-à-dire, littéralement, sensible et sensuelle) et infantile à l'existence se solde nécessairement, selon Kierkegaard, par **l'insatisfaction et le désespoir**. Car les rapports que l'individu entretient avec la réalité demeurent des esquisses toujours inachevées, des possibilités qui ne s'accomplissent jamais. En somme, au stade esthétique, l'individu préfère le possible au réel. Il n'aperçoit l'absolu que dans l'instant et tente de le saisir en multipliant les instants d'éternités dont il épuise inlassablement la saveur.

Le stade éthique

Seule l'éthique peut conjurer l'insatisfaction de l'instant sans profondeur en introduisant l'individu à la dimension du temps : celui-ci engage l'homme à assumer ce qu'il est et à en répondre. **La fidélité** (amoureuse notamment) est donc le contraire d'un renoncement (qui effraie le séducteur) : elle **approfondit le rapport de l'individu à l'existence** (aux autres et à lui-même, dans l'amour) en y ajoutant la **dimension éthique du devoir**.

C'est ainsi que, dans le mariage, la fidélité conjugale délivre l'individu de son gout infantile pour la douce imagination de possibilités. La réalité de **l'existence n'est plus fuie, mais prise au sérieux**. L'amour acquiert dès lors davantage de profondeur : au séducteur qui capture la femme comme une proie succède le mari qui la reçoit comme un don.

Toutefois, la vie éthique, coulée dans la norme et la généralité convenue du devoir, n'apporte finalement qu'**amertume et ennui**. En préférant la permanence du devoir au devenir imprévisible de l'existence esthétique, l'individu rejette l'infini et la passion. Par conséquent, mener une existence éthique, c'est-à-dire pratiquer la vertu (la fidélité), ne suffit pas à assurer une vie heureuse.

Le stade religieux

Une nouvelle conversion s'impose alors, par-delà l'éthique, en direction de la foi. En effet, la conscience éthique (la conscience du devoir) ne se suffit pas à elle-même. C'est ce qu'illustre dans la Bible (Genèse) **le sacrifice d'Abraham** que Kierkegaard analyse longuement. Afin d'éprouver la foi d'Abraham, Dieu lui demande de lui sacrifier son fils Isaac en le tuant de sa main. Docilement, le patriarche s'apprête alors à commettre un acte que l'éthique réprouve absolument : le meurtre de son propre fils. Mais, à l'instant fatal, Dieu, satisfait du gage de soumission absolue d'Abraham, retient la main que celui-ci allait abattre sur son fils Isaac. Quelle sagesse renferme cette parabole ? Selon Kierkegaard, la foi d'Abraham consiste à **effectuer un saut dans l'absurde en se plaçant au-dessus de la morale, dans une confiance absolue en Dieu**. Car la conscience morale (éthique) ne peut jamais écarter la possibilité de la faute (citation 7).

Nul homme ne peut s'endormir dans la bonne conscience du devoir accompli et, par conséquent, s'arrêter au stade éthique. Cette incertitude inquiétante de la faute toujours possible signifie que **l'individu ne peut s'en tenir à sa seule force morale et ne peut se sauver seul**. Tel Abraham qui a consenti à un geste absurde, **l'individu en vient, au stade religieux, à inscrire son existence dans un horizon de sens qui échappe à sa raison**. C'est ce que Kierkegaard appelle le dépassement théologique de l'éthique : Isaac est sauvé parce qu'Abraham a cru dans l'absurde (le commandement divin, contraire à l'éthique) L'existence de l'individu se voit ainsi investie d'une dimension transcendante qui l'empêche de se restreindre aux limites étroites de sa raison (stade éthique) ou de sa sensibilité (stade esthétique).

Précisons enfin que **ces trois stades ne définissent pas les étapes d'un cheminement nécessaire**. Il s'agit bien davantage de trois pôles à l'intérieur desquels chaque individu trace, dans l'incertitude de ses choix, l'itinéraire de son existence particulière. En dégageant ces trois stades sur le chemin de la vie, Kierkegaard assume le caractère paradoxal de l'existence, déchirée entre le fini et l'infini, l'absolu et le relatif, le temps et l'éternité, le désir et la réalité, la singularité de l'individu et la transcendance divine.

EN RÉSUMÉ

L'apport principal de la philosophie de Kierkegaard est d'avoir **réintroduit l'existence au cœur de la philosophie**, plus particulièrement d'avoir réaffirmé l'existence du singulier contre la raison universelle.

Selon le philosophe, **l'existence désigne un « devenir individuel contingent »** : exister, c'est évoluer ; seuls des individus singuliers existent ; l'existence n'est pas nécessaire.

En éprouvant la contingence de son existence, en s'apercevant qu'elle n'est justifiée par rien et pourrait ne pas être, **l'homme connait l'angoisse** : l'existence lui semble alors absurde. Toutefois, dans l'angoisse, l'individu accède également à **la connaissance de soi comme être fondamentalement libre**. C'est l'aspect positif de l'angoisse. Nous découvrons que notre existence repose sur des choix libres qui composent un itinéraire original et imprévisible au cours duquel on peut cependant repérer trois grandes étapes.

Kierkegaard distingue en effet **trois stades dans l'existence**. Le premier est **le stade esthétique**, illustré par la figure du séducteur : celui-ci vit dans l'instant et la jouissance immédiate, ce qui engendre insatisfaction et désespoir. Le deuxième est **le stade éthique**, où l'individu prend l'existence au sérieux et consent à s'y engager en s'affirmant comme personne responsable. Toutefois, l'homme fidèle sombre dans l'ennui d'une existence rationalisée. Enfin, le troisième est **le stade religieux**, qui permet d'introduire la transcendance du mystère au cœur de la vie humaine.

L'homme se place ainsi au-dessus de la morale, dans une confiance absolue en Dieu.

Votre avis nous intéresse !
Laissez un commentaire sur le site de votre librairie en ligne
et partagez vos coups de cœur sur les réseaux sociaux !

POUR ALLER PLUS LOIN

- DELECROIX (Vincent), *Singulière philosophie. Essai sur Kierkegaard*, Paris, Éditions du Félin, 2006.
- GUSDORF (Georges), *Kierkegaard*, Paris, Éditions du CNRS, 2011.
- KIERKEGAARD (Søren), *Crainte et Tremblement*, Paris, Aubier-Montaigne, 1984.
- KIERKEGAARD (Søren), *La Reprise*, Paris, Gallimard, 1990.
- KIERKEGAARD (Søren), *Œuvres Complètes*, 20 volumes, Paris, Éditions de L'Orante, 1966-1984.
- KIERKEGAARD (Søren), *Miettes philosophiques*, Paris, Gallimard, 1948.
- KIERKEGAARD (Søren), *Ou bien... ou bien...*, Paris, Gallimard, 1984.
- KIERKEGAARD (Søren), *Post-scriptum définitif et non scientifique aux* Miettes philosophiques, Paris, Gallimard, 2002.
- KIERKEGAARD (Søren), *Traité du désespoir*, Paris, Gallimard, 1988.
- POLITIS (Hélène), *Kierkegaard*, Paris, Ellipses, 2002.
- WAHL (Jean), *Études kierkegaardiennes*, Paris, Librairie philosophique, 1949.

TESTEZ VOS CONNAISSANCES !

ASSOCIEZ CHAQUE CITATION À L'EXPLICATION QUI LUI CORRESPOND

Citation 1 : « La pensée abstraite ne tient pas compte du concret, de la temporalité, du devenir propre à l'existence et de la misère que connaît l'existant du fait qu'il est une synthèse d'éternel et de temporel, plongée dans l'existence. » (*Post-scriptum définitif et non scientifique aux* Miettes philosophiques, in *Œuvres complètes*, Paris, Éditions de l'Orante, 1997, p. 2)

Citation 2 : « Tout ce qui devient prouve par son devenir même qu'il n'est pas nécessaire ; car la seule chose qui ne peut pas devenir est le nécessaire, parce que le nécessaire est. » (*Miettes philosophiques*, Gallimard, 1948, p. 114-115)

Citation 3 : « J'enfonce le doigt dans l'existence – elle n'a odeur de rien. Où suis-je ? Que veut dire : le monde ? Que signifie ce mot ? Qui m'a joué le tour de me plonger dans le grand tout et de m'y laisser maintenant ? Qui suis-je ? » (*La Reprise*, Paris, Gallimard, 1990, p. 144)

Citation 4 : « L'angoisse est la possibilité de la liberté ; seulement, grâce à la foi, cette angoisse possède une valeur éducative absolue ; car elle corrode toutes les choses du monde fini et met à nu toutes leurs illusions. » (*Le Concept d'angoisse*, in *Œuvres Complètes*, Paris, Éditions de l'Orante, 1973, p. 252)

Citation 5 : « Si l'homme était ange ou bête, il ne pourrait connaître l'angoisse. Etant une synthèse, il en est capable, et il est d'autant plus homme que son angoisse est profonde, toutefois produite par lui et non, comme on l'entend d'ordinaire, s'imposant à lui de l'extérieur. » (*Le Concept d'angoisse*, in *Œuvres Complètes*, Paris, Éditions de l'Orante, 1973, p. 252)

Citation 6 : « Il n'y a dans Adam que la possibilité de pouvoir, comme une forme supérieure d'ignorance, comme une expression supérieure d'angoisse, parce qu'ainsi à ce degré plus élevé elle est et n'est pas, il l'aime et la fuit. » (*Le Concept d'angoisse*, in *Œuvres Complètes*, Paris, Éditions de l'Orante, 1973, p. 204)

Citation 7 : « L'amour envers Dieu peut amener le chevalier de la foi à donner à son amour envers le prochain l'expression contraire de ce qui, du point de vue moral, est le devoir. » (*Crainte et Tremblement*, Paris, Aubier-Montaigne, 1984, p. 111)

Explication a : la liberté de l'individu, comme le montre l'exemple d'Adam, se découvre dans l'angoisse comme une puissance illimitée de choix et d'action.

Explication b : la condition humaine forme une réalité paradoxale que la pensée abstraite ne peut pas saisir. L'homme est devenir et contingence, tandis que la raison ne perçoit que de l'immuable et du nécessaire.

Explication c : la vérité s'approprie de manière subjective, par un individu, et elle ne peut aller sans un acte de foi.

Explication d : il faut opposer l'existence, qui devient sans cesse autre qu'elle est, et l'être, qui demeure toujours identique à soi. La première est contingente (elle peut toujours être autre qu'elle est), tandis que l'être est nécessaire (il ne peut pas être autre qu'il est).

Explication e : l'angoisse n'est rien d'autre que notre liberté, et la foi nous sauve de l'angoisse en rapportant notre existence immanente (ici-bas) à la source transcendante (au-delà) qui lui donne sens.

Explication f : la foi peut inspirer au fidèle des actions que l'éthique réprouve et qui pourtant lui permettent d'accomplir ce que l'éthique commande : l'amour du prochain.

Explication g : le sentiment de sa propre existence plonge l'individu dans l'angoisse du non-sens : qu'est-ce que le monde et l'existence ?

Explication h : si l'homme éprouve de l'angoisse, c'est parce qu'il n'est ni ange (l'angoisse est une déficience, elle marque un défaut d'être et de perfection), ni bête (l'angoisse est le fait d'un être qui ne se contente pas de vivre, mais se pose la question du sens de son existence).

Explication i : c'est seulement lorsqu'il accède au stade éthique que l'individu cesse de fuir son existence pour la prendre au sérieux et faire preuve d'engagement.

Explication j : au stade esthétique, l'individu apparait comme un séducteur qui vit dans la passion de l'instant et des rapports immédiats sans lendemain, ce qui aboutit à l'insatisfaction et au désespoir.

Rendez-vous sur
lepetitphilosophe.fr
et découvrez :

Plus de 1200 analyses
Claires et synthétiques
Téléchargeables en 30 secondes
À imprimer chez soi

ISBN version numérique : 978-2-8062-4948-7
ISBN version papier : 978-2-8080-0134-2
Dépôt légal : D/2017/12603/518

Conception numérique : Primento,
le partenaire numérique des éditeurs.

Made in the USA
Monee, IL
07 July 2026

56550231R00020